Pierre Naviglio

AD AUGUSTA PER ANGUSTA

Poèmes itinérants…

© 2019 Naviglio, Pierre

Édition : BoD – Books on Demand, 12/14 rond-point des Champs-Élysées, 75008 Paris
Impression : BoD - Books on Demand, Norderstedt, Allemagne

ISBN : 9782322183159

Dépôt légal : Octobre 2019

*« Heureux sera l'Homme,
Qui par la force des mots et de ses actes,
Aura su trouver l'Amour, la Paix et la Liberté... »*

Photographie : Océane Lelong

Le Vent :

Il y a quelque chose de fascinant dans le vent,
Pas de passé, pas de futur, juste un instant ;
Dans les arbres faisant danser les branches,
Revanche des esprits nés en avalanche,
Car il est le vent, infinité de mouvement,
Alors que l'Homme n'est qu'un passant,
Passant rêvant de ce moment,
Où nous pourrions enfin capturer le temps…

Le vert pré:

Dans ce pré qui fleurit vert aujourd'hui
Avait éclos rouge, jadis;
Dans ce pré il y a des Hommes oubliés,
Engloutis dans le sol bientôt cimenté.

Dans ce pré il y a des Hommes oubliés,
Figurants de l'histoire ici abandonnés,
À la guerre, la mort et la violence,
Loin de toute raison et de tout bon sens.

Dans ce pré des Hommes oubliés,
Ils se sont battus contre des oubliés comme eux,
Des innocents envoyés
Bien, bien trop loin de chez eux.

Dans ce pré d'archive disparu,
Vestige d'un temps sombre et laid,
De guerre d'attributs,
Parcourant l'histoire de l'humanité.

Dans ce pré vert, bientôt gris,
Dans ce pré vert, dans lequel désormais,
Bientôt naitra la vie
Car ici construit une maternité,

Dans ce pré vert, désormais gris,
On oublie qu'en un instant,
Le ciel était si assombri,
Que l'on ne voyait les combattants.

On entendait juste leurs cris
Cris de désespoir et de douleur,
Remplacés à ce jour par les cris de nouveau-né,
Né dans un monde qui jadis, comme aujourd'hui:

Est ravagé par la guerre, les génocides.
Dans ce pré vert, qui ne l'a pas toujours été,
Un jour des apatrides,
Ici sont tombés.

Dans ce pré vert,
Dans ce pré clair,
Dans ce vert pré,
Dans ce champs oublié,

Un jour, les fleurs n'ont pas poussé, abstention,
Le jour où ce pré a fleuri vermillon....

Encore :

Encore une nuit à se demander où je vais,
Encore cette même nuit à savoir comment je finirai;
Encore, encore un moment à rester ici,
Songeur, triste, à réfléchir à « la vie » ;
Encore un rêve, un rêve de liberté,
Encore une nuit ou je n'arriverai pas à me reposer ;
Encore mes mains attachées et mon esprit désabusé,
Que mon cœur se laisse aller ;
A la dérive de mes verres vidés,
Encore une cigarette allumée qui finira par se consumer ;
Et qui m'entraine dans le trou où je finirai,
Encore une nuit passée à écrire ces mots dessinés ;
Par la seule volonté qui m'anime : les aligner,
Encore, encore ces mots qui brûleront à mes cotés ;
Encore un verre vide sous la lune de mes nuits d'insomnie,
Encore une cigarette qui se meurt aussi ici ;
Encore une nuit noire, une nuit sans nuit et pourtant,
Voilà la lune qui m'abandonne car le soleil apparaît au levant…

Triste journée :

J'en ai passé des journées comme celle ci,
A voir la précarité obligé des malheureux à chercher,
Dans le fond des poubelles... De quoi s'hydrater,
Manger, trouver de quoi survivre à leur propre vie.

Ces journées là... Sont les pires de toutes simplement,
Comment peux-tu, juste, ne pas avoir un souci,
Un message d'alerte dans ton cerveau qui te dit,
Ma foi, ce pays est bien triste, et il ne va pas en s'arrangeant.

La pauvreté... Tue, ô combien plus que la guerre,
Où peut-être que justement c'est celle ci qui les pousse à tout ?
Ne crois pas que je leur cherche quelques excuses, du tout,
Je réfléchis aux causes de cette misère.

Les conséquences nous les connaissons,
Les causes elles sont tristement plus désagréable à entendre..
Un pays qui laisse son peuple affamé, mourir de froid,
engendre :
Un signal d'alarme, un appel à la révolution.

Un état, un gouvernement qui ne préserve pas sa population et qui l'asservit,
Physiquement, intellectuellement, financièrement,
N'est voué qu'à s'écrouler, slogan de nombreux manifestants,
Qui n'appelle qu'à jouir d'une chose... De leur vie.

Jérusalem :

Cité aux pavés dorés et vieillis par des milliers de pas,
Qui depuis des siècles passent par cet endroit.
Sous cette porte, vestige d'un temps de guerre,
La vielle ville s'éparpille aux derrières.
Le soleil toujours présent renvoie des reflet blancs,
Tel des bâtiments en feu, toujours brillants,
L'odeur ambiante, d'épices et d'olives, de fumée,
Prenant les narines dans un étrange rêve dont on ne veut se réveiller.
Tu as été conquise des milliers de fois,
Toi la ville des rois des rois,
Entre désert et oasis où toujours ont cohabité,
Des peuples d'origines parfois sinistrées.
Tu es le phare de l'humanité et quel phare !
Le plus beau de tous, la cité de tous les conflits,
Mutation changeante d'hommes qui viennent, d'autres qui partent.
Mais qui à jamais gardent ton nom dans leurs esprits.
Centre de l'humanité...
Et malgré ta beauté,
Il faudrait te détruire toi qui a conduit,
Le monde à se déchirer, les Hommes à la folie.
Jérusalem, tu es si belle et même si tu es bien loin de mes yeux,
Je ne regrette que le fait que la terre promise n'est promise qu'à une civilisation.
Mais je t'en prie, ne doute jamais de mes sentiments pour tes Dieux,
Je suis juste malheureux qu'aucun de leur enseignement n'ait amené la paix entre les populations.

Amour:

Chers amis... L'amour n'est plus.
Aujourd'hui il a disparu,
Et si vous cherchez un coupable: regardez la société
La maladie de tout le temps s'épiler.

Les corps en plastique pour contrecarrer,
Ce que mère nature a décidé,
Le botox pour essayer de rattraper,
Vos années si vite passées.

Le maquillage, la mode, tout ce qui est superflu
Tout ça, tout ça l'a tuée et enterrée,
La pornocratie à outrance est devenue
Si habituelle que nous avons oublié...

Nous avons oublié ce que c'est qu'aimer,
Aimer, aimer à en finir enfermé,
Le corps est devenu un objet,
Un business, un marché.

Une trop triste vérité...
On fait l'amour sans sentiments,
On s'amuse à se gaspiller,
Pourquoi ? Pourquoi le dire maintenant ?

Simplement car l'amour m'a envoyé un appel,
Le vrai amour, celui qui n'est pas superficiel,
Celui qui te fait dire chaque matin au réveil...
Evidement, évidemment que c'est elle.

Demain :

Demain fils de ce monde nous nous lèverons,
Demain peuple de la terre, la révolution ;
Demain nous serons ensemble poings levés,
Demain côte à côte nous honorerons la liberté ;

Nous abattrons les dernières tyrannies,
Nous renverserons l'ordre établi ;
La terre verra la naissance d'un paradis,
Elle assistera au renouveau de la vie ;

Demain mes frères nous changerons ce monde,
Demain ça raisonnera et se propagera comme une onde
De choc car demain l'humanité aura réussi enfin,
A ce qu'aucun de ses habitants ne souffre de la faim,

Nous détruirons les dernières inégalités,
Car nous nous battrons pour nos idées,
Nos voix vibreront au cœur des rues,
Car demain nous ne pourrions êtres vaincus ;

La Mort :

Elle arrivera,
Se penchera,
T'embrassera,
Et t'emportera ;

Mais pas encore,
Temps que tu vis,
Tu n'es pas mort

Et si tu meurs,
Tant pis,
C'était ton heure.

Mais j'aurais aimé :
Te parler encore une fois
Ecouter le son de ta voix
Et t'aimer…

Mais je suis ici bas,
À patienter
Ce jour où l'on se retrouvera,
Où je te retrouverai…

Non pas pour une vie,
Ni même pour une nuit
Mais pour l'éternité,
Qu'enfin je passerai à tes cotés.

Alors, je t'en prie, attends moi : j'arrive
Je traverse le Styx et te rejoins sur l'autre rive

La Prose du Vivant :

Si de l'ombre à la lumière il n'y a qu'un pas
Et si de la vie à la mort il n'y a qu'un instant ;
Dans cet univers où tout est question de moments,
Il attendra patiemment quelque part là-bas,

Si de la lumière naît l'ombre qui se profile,
Jusqu'au chevet des malades, jusqu'à la fin ;

Alors de l'obscurité naît la lumière où sur le fil
Chaque jour le soleil nous offre le matin.

Et si des vagues il ne reste que l'écume,
Et si du brouillard il ne reste que la brume,
Et si des mots il ne reste que des sons,
Et si de nos amours il ne reste que des noms ;
Et si des nuits il ne reste que les étoiles,
Et du peintre, seulement la toile :

Alors nous pourrons sans nul doute affirmer,
L'hypothèse qui à cet instant est avancée :

« De la lumière est née l'obscurité,
De l'obscurité est née l'humanité »

Et si l'amour à le goût du vin et des fleurs,
De cela nous ne retiendrons que le gout du malheur,
Car de l'odeur à la beauté enivrante des roses,
Il ne reste que les larmes amères de la prose.

La prose de ce monde souffrant de maladie,
La prose de ces morts encore en vie, en survie ;

Et si des montagnes il ne restait que poussière,
Et si de ce monde il ne restait que la terre ;
Et si du vent il ne reste qu'un simple instant,
Alors l'ombre, la lumière et les moments ;
S'unissent ! En ne formant qu'une entité unique
Créant ainsi les zéniths de tous ces jours magiques,

Et si de l'éphémère il ne reste que des souvenirs,
Sachant que celui ci se répète : il devient l'infini,
Alors, la mort demeure l'heure des soupirs,
Et la journée de nos nuits se nomme : la vie.

La vue :

La lampe allumée veille,
Sur toi dans ton sommeil ;
Car tu as peur du noir
Et accours chez toi quand vient le soir.

Tu es privé d'un de tes sens
Un de tes plus précieux !
Qui te permet de voir la présence
La journée quand le soleil est en feu.

Donc tu as peur et éclaires,
La pièce dans laquelle tu dors
Celle qui te protège de la pluie et du tonnerre,
Jusqu'à l'arrivée tardive de la douce aurore.

Qui chaque matin te délivre de la nuit
En te renvoyant à ta triste vie,
Triste de ne jamais contempler les galaxies,
Les étoiles, comètes et épiphanies.

Le chant du cœur :

O sonate cruelle de ce soir
Pourquoi viens-tu me revoir ?
Ne vois-tu pas que l'amour,
Est un poison qui m'affaiblit toujours ?

Ne vois-tu pas que ta mélopée,
Aussi sublime que perfectionnée,
Me rend malheureux
Comme ce jour pluvieux ?

Cruel musique que tu es…
Triste chanson que tu es entrain de jouer…

Cruelle musique que tu es…
Je ne devrais pas me laisser entrainer…

Et la mélodie se mit à me faire danser,
Chanter, rire et pleurer.

- Tais toi donc je t'en prie !
- Je ne suis que ton cœur qui rebondit…
- Pardon ? Que me racontes-tu là ?
- Que je parle à la place de ta voix.

Le chemin du regret :

Loin de la ville et de ses poubelles
Je m'en vais dans la campagne belle ;
Où ici vit paisiblement la nature
Loin de ce monde de fou et de parjures,
Il n'y a rien, pas même un chat,
Sur ce chemin devant moi,
Pas même un homme marchant,
Juste une ombre dansant,
Sous le ciel morvé de traits brûlants,
Aux bruits de tout ses obus sifflants ;
Sous la terre retournée par la guerre,
Je m'en vais la faire à mon tour,
Pour les erreurs de nos pères,
Et malheureusement, je ne peux passer mon tour…

Et sur le chemin, je repense à elle, à ses larmes,
Et sur le chemin, moi, la main sur mon arme,
Je meurs à chaque pas posé plus en avant,
En avançant, en espérant et en rêvant…

À tout ce que j'ai fait,
A tout ce à quoi je tenais ;
Et le vent soufflant me fait me souvenir…
Que j'aurai dû lui dire avant de partir :

Qu'avant de mourir au combat,
Je meurs d'amour pour toi…

24 Juillet 1702 :

Ces collines qui l'ont vue grandir,
Il y a toujours vécu.

C'était sa terre, son avenir,
Quand chez lui des hommes sont venus.

Sur ordre direct d'un roi,
Ils ont pénétré sous son toit,
L'ont forcé à adorer des idoles ;
Sous couvert de la bonne parole.

Certains ont réussi à fuir à travers les monts
Pas lui, fuir c'est leur donner raison.
Il l'ont arrêté, privé de sa liberté
Enchaîné, molesté et torturé.

Honnête dans son cœur, refusant d'abjurer…
Il fût exécuté.

Lui comme tous les siens avait oublié,
La « larme », symbole de l'église persécutée.

Ses os jetés dans un ravin boisé
Ne chercherons pas à se venger
Car il est mort sans haine…
Juste, avec beaucoup de peine.

25 Juillet 1702 :

Hier…était une triste journée ;
Nous avons été trahis !
On nous a coincé, et attaqué
Car dans la nuit elle a frappé : la folie.

Un des nôtres a été assassiné ;
Courez zéphires faire voler la nouvelle
Jusqu'au fond de l'enfer, jusqu'au ciel !
Que les nôtres accourent à travers les fourrés.

Nous ne sommes pas des soldats !
Nous sommes que des fermiers,
Des poètes, amants de la liberté
N'obéissant qu'au roi des rois.

Amis, courez…
Frères, tombez…

Pour des chansons :
Ils assassinent !
Parce que nous nous défendons :
Ils assassinent !

Qu'ensemble, face à la cruauté,
Attaquant nos libertés,
Nous devenions l'ultime rempart,
Où s'écraseront leurs étendards !

26 Juillet 1702:

Après le sacrifice de nos frères...
Nous n'avons eu d'autre choix
Que de partir loin des yeux du roi.
Ou de périr par le fer.

La plupart des hommes on choisit:
De crever plutôt qu'être voués à la survie,
Mais pour leurs enfants, les nôtres, les tiens,
Nombreux sont partis sur les chemins.

L'un de ces chemins a conduit,
Au fond d'une vallée, dans un village,
Haut perché, bien loin des bocages
Que ces familles avaient connus, construits.

Ce hameau est devenu l'un des bastions
De la résistance puisque l'on voyait des maisons
Si loin dans la vallée que si un danger arrivait,
Nous avions le temps de finir de déjeuner.

Au fond des Alpes, son glorieux passé
De refuge pour les persécutés
N'est aujourd'hui habité: Dormillouse,
Que par des marmottes se reposant sur les pelouses

Qui, comme ses habitants désertés,
Guettent le ciel et la vallée,
Pour prévenir, prêt à siffler,
À l'arriver du moindre danger.

Cède Donc :

Tu es, par sept fois tombé ;
Par huit fois tu te relèveras,
Dans tous les cas…Tu n'as pas le choix
Car le monde ne t'attendra jamais.

Tu es fatigué, épuisé : à moitié mort ?
Mais cela signifie aussi
Que, ma foi, tu es encore
A moitié, du moins, en partie en vie ?

La vraie force n'est pas de réussir à pleurer
Mais de s'en sortir, de se relever
L'important et de plier mais de ne pas casser ;
Et à ce moment tu seras libéré.

Plie quand tu ne peux gagner
Mais ne cède jamais !
Sinon… Ô lâche tu deviendras
Quand de ton erreur tu te réveilleras !

Apprends à voir et à raisonner
Et tu seras un affranchi, un adoubé
Un de ses résilients enragé
Traqué, brisé, mais jamais décimé !

Mais triste vie que je te promets…
Tu as raison ! Cède, deviens un lâche
Gave toi d'antidépresseur et disparait !
Efface toi comme une tâche.
Laisse toi guider mouton qui

Par malheur ne peut plus résister
Tu as fais ton choix, tu as choisi !
Tu choisi de fuir au lieu de t'engager !

Dans ce cas n'oublie pas le « Che »
Qui a dit, un jour, bien inspiré :

« Celui qui n'a pas le courage de se rebeller
N'a pas le droit de se lamenter ».

Le miroir :

Devant le miroir tu vois :
Sur ton visage le temps passer
Ces années que tu ne pourras rattraper,
Et de tes yeux tu crois
Capter les brides du temps,
Que tu as eu l'occasion de vivre,
Dans un monde où désormais l'argent
Est la seule chose qui t'enivre ?
Alors tu as perdu un temps précieux
Ce matin devant ton miroir ;
Si tu ne vis que pour survivre un peu mieux
Chaque jour et chaque soir…
Si le temps est pour toi de l'argent,
Alors pleure devant ton miroir comprenant ;
Que cela ne fait ni l'amour ni le bonheur
Même si je te l'accorde : il réchauffe les cœurs.
Tu t'es perdu… Désormais
Tu t'es trompé… Encore
Et tu mourras pauvre en or,
Car tu ne l'emporteras jamais !
Alors vis pour vivre ! Pourquoi passer sa vie à la gagner si on l'a déjà ?
À part… Peut-être ; pour se protéger des sots et des lois…

Kyudo

La corde est le centre du monde,
La flèche te représente,
L'arc se bombe et retombe,
Et pivote dans ta main tremblante ;

La flèche est semblable à ton esprit,
Elle te représente toi : humain
Volant entre ciel et terre vers la fin,
D'une course, la tienne, ta vie.

Se fichant dans la cible de paille enroulée et tressée,
Comme tu te creuseras et te ficheras dans la terre,
Attendant patiemment que tu redeviennes poussière ;
Voyageur mortel, capture ce moment avant de tirer
Et tu auras capturé en l'espace d'un tir,
La finalité du monde et celle de l'humanité : de périr.

Jeunesses désabusées :

Là où tu as perdu,
Tu n'as rien gagné ;
Et là où tu as gagné
Tu n'as rien perdu.
Mais quand tu auras tout perdu
Et que tu n'auras plus rien à gagner
Alors jeunesse désabusée :
Tu auras tout vu !

Tableau :

Le pinceau glisse sur la feuille attachée,
L'encre danse juste sous ses pieds,
Le dessin se forme de milliers de pas,
Danser sur un rythme de combat,
Il glisse et danse saute et retombe,
Toujours sur ce papier qui représente le monde,
Il laisse sa trace de sa vision,
Le résumé de sa fiction,
Qu'il a vu ou vécu,
Dans sa vie ou dans la rue,
Il peint l'avenir,
Il peint le souvenir,
Et il nous ferra parvenir,
Que des traces dansées, sur une feuille de papier,
Que des mouvements dessinés sur la page arrachée,
Pour un sourire, pour un soupir
Le pinceau s'écrase sous le poids de son cœur,
Ecrit un dernier mot d'amour avant son heure,
Il était poète et calligraphe, fou comme un roi
Peintre et artiste à la fois
Mais il meurt en laissant, œuvre inachevée
Sur son pupitre, la feuille arrachée.

Le Griot :

Au bord de l'âtre le groupe décida de s'installer,
Sous le liseron volubile dont les fleurs groupées
Penchent en dansant au vent sous le ciel éclairé
Dont les étoiles jaillissent du brasier allumé.
Les enfants truculents s'arrêtèrent de jouer,
Les parents arrêtèrent de discuter
Et les vieillards cessèrent de susurrer
Quand d'un « ohé » le griot les a interpellés.

Le chaman au visage peint d'ocre et de terre,
À la voix aussi limpide que l'eau et l'air,
Entama un conte en chanson
Avec un bagou digne de Cicéron !

Lui qui a vu tant de pluies passées,
Qui a entendu tant de gens placoter
Avec jactance ou modestie ;
Il leur expliqua l'origine de la vie.

Sous l'arbre sacré servant de miroir
À leurs actes de chaque instant,
Il leurs chanta plusieurs heures durant
Leurs origines, leurs Histoires.

Le mythe de Babel et de la langue universelle
Où les différents accents cohabitaient,
Où l'humanité arrivait à vivre en paix,
Jusqu'à l'orgueil du péché originel…

Finissant sa chanson il expliqua
La larme à l'œil, comment et pourquoi :
« La vanité, la gourmandise et la soif d'or
Sont les poisons libérés par Pandore,
Ils sont la cause du malheur de l'humanité
De toutes ses violences légitimées… »

Puis se relevant difficilement,
Il nous regarda le temps d'un instant,
Puis partit,
Et nous dit :

« À vous de choisir la raison ou la folie,
De vivre en enfer ou au paradis ! »

Paris :

Paris... Paris était si belle cette nuit,
Elle brillait, scintillait, comme un ciel d'été
Paris était devenue, une galaxie,
Et la lumière cachait la pauvreté, dans la nuit dissimulée.

Paris, ô capitale de la perdition,
Qui jadis, aimée des rois et des révolutions,
Ressemble désormais... A rien d'autre qu'à Paris,
Là où ça a commencé, là où ça a fini.

Paris, ville lumière, ville d'avenir,
Où au matin, la misère se fait ressentir,
Quand de l'aube elle nait,
Et dans la nuit disparait.

Paris, en réalité... Tu n'es belle que dans le noir
Car lorsque le soleil est couché comme toutes les cités,
Tu dissimules la détresse de tes habitants fâchés,
Qui ne demande qu'un mot : espoir.

Espoir, doux espoir, on a besoin de ton écrin,
Pour chasser la misère et la faim,
Pas de Paris, mais du monde entier, enfin
Pour pouvoir vivre dans un meilleur monde demain.

Samedi 1er Décembre.

Samedi premier décembre à la capitale,
La rue s'est soulevée, le peuple a parlé,
Ils ont dit non à leur institution martial,
Ils se sont révoltés et on les traitent de criminel pour avoir fait:
Ce que jadis les créateurs de la république auraient ordonné:
S'en prendre au tortionnaire de l'humanité,
Car c'est notre devoir de citoyen de résister.
Notre devoir d'homme libre de se révolter.

Le peuple qui dit non, à la taxe, a la soumission,
Héros, martyr d'un début de révolution.
Qui... Cela dit, cher gouvernement,
Gronde dans les esprits depuis bien longtemps.

Depuis des générations, les citoyens de ton pays se soulèvent !
Tu les tues à petit feu et les gaz lors des grèves.

L'heure est au non car quand on pose une question,
Avec une matraque en guise de réponse orale,
On se pose, cher gouvernement, l'interrogation,
De savoir si légitime est ton institution oligarquale.

Oligarquale, oui car tu n'es plus une démocratie,
Et jamais France, tu nous offres le paradis.

Ton peuple souffre, il n'a plus le choix,
De finir par s'en prendre aux représentants de l'état,
Tu cris au scandale ? Traite à la nation !
Pour avoir lancé un pavé sur des hommes qui terrorisent ta population ?

Des hommes qui, outre les bavures à répétition,
Se plaignent de se faire attaquer pour avoir fait ce qu'ils font,
Nous ne nous en prenons pas aux hommes mais à l'uniforme,
Celui de la terreur, de la violence, le tout légalement dans les formes.

Oui, je te lance des pavés et celui ci en est un qui vient du cœur,
Accuse moi, arrête moi, traite moi de casseur,
Un homme qui s'en prend aux symboles de ton pays,
Et qui l'assume car mon pays n'est pas une démocratie.

La belle démocratie que nous vend tes institutions,
Depuis tellement longtemps ma nation.
Peuple français, tu es légitime et en droit de te rebeller.
Alors fait le sans jamais céder et jamais hésiter.

Oui, je te lance un pavé et je te pris de croire,
Que nos black Blocks, nos belles tulipes noirs.
Que la guerre ne fait que commencer,
Et qu'à l'espoir la sixième république est vouée.

Isula di u mo core :

Cette île a le gout du sang et de la mer
Des vendettas, des oliviers et de la résistance,
Elle a l'odeur du maquis de nos enfances
Et celle de la myrte poussant dans sa terre.

Descendant d'un compagnon de Paoli ;
Originaire d'un village en i.

Nous avons grandi sur le continent,
Bien loin de nos montagnes d'antan.

Loin de l'homme de Cagna,
Sache juste île adorée que toi,
À jamais dans mon cœur tu seras,
Et que tes enseignements son loi,
Dans le cœur de tes enfants,

Qui un jour reviendront à leur terre
Pour que l'on les met en terre.

Le résilient :

À la table du destin, il attend
Que la vie le guide, mourant :
De ce cœur trop pur…
Rempli de pensées impures :

Rempli,
De mélancolie,
D'amour,
De peur
De bravoure,
De malheur.

Trop sensible aux yeux de la terre
Au point de préféré au paradis l'enfer,
Mourant chaque instant, chaque jour
D'avoir un moment, perdu son amour.

Le temps d'une larme :

Créature d'argile apprend à voir
A regarder avec les yeux,
Dans l'obscurité et dans le noir ;
Vois avec ton cœur sous les cieux :

La force de la volonté,
De la puissance et de la beauté
De la naissance de la vie,
Jusqu'à la fin de celle ci,

Feuille après feuille,
Pétale après pétale,
Quand la rose éclot fidèle et loyale,
Pour fleurir un deuil ;

Regardez-la se battre pour demeurer,
Coupée, pour ne finir qu'enterrée...
Mais au moins, elle aura brillé,
Le temps de quelques larmes pleurées,

Comme tout à chacun elle est née,
A briller, puis s'en est allée.

Le pendu :

Sous la lune noire du désir,
Sous la pluie des soupirs,
Sous le cou du condamné,
Il est resté là à s'égosiller…

Et passant par ici,
J'ai entendu ses pleurs,
J'ai entendu son cœur,
Cesser de battre aujourd'hui…

Sous l'abbaye du monte en l'air,
Les zéphyrs sont venus l'emporter ;
En jouant la mélopée d'une vie volée,
Pleurant la perte d'un des leurs…

Volé par la corde d'un tribunal,
Condamnant le mal par le mal ;
Ce malheureux se balançant là,
Au bout de sa corde, au bout de sa croix,

Pour un simple bout de pain,
Il s'est vu pendu un beau matin,

Condamné pour avoir eu faim mais fière,
Abattu par la misère…
Misère qui chaque hiver,
Tue plus d'Hommes que toutes vos guerres.

Les mots :

Aujourd'hui seul les mots sont écoutés,
Aucune émotion, aucune sensation,
Rien de tout cela, il n'y a que des sons
Formant des mots s'envolant vers d'autres contrées ;

Aujourd'hui seul les mots sont compris
Ils sont le symptôme de la prison dorée,
Dans laquelle nous choisissons de nous enfermer,
Dans l'idée de préserver nos vies ;

Mais les mots sont futiles s'ils ne sont pas accompagnés,
De la notion même de déshabiller l'habillé,
Et pour ceux qui les comprennent : d'énoncer la vérité
Au nom de l'universalité de sa pensée,

Aujourd'hui seul les mots sont entendus,
Car les émotions doivent être cachées avec fracas,
Fracas de nos sociétés voyant enfin de visu :
Les maux du poète ressusciter « l'Invincible Armada »…

Ton enfant :

Ton enfant chéri que tu adores,
Que tu protèges de tout ton corps,
Apprendra à vivre sur une triste terre
Et tu ne peux le protéger des erreurs de nos pères ;

Tu ne peux le protéger de la pornocratie à outrance
De ce monde rempli de guerre et de violence,
De la drogue et de la poudre qu'il trouvera facilement,
Plus facilement qu'un emploi, certainement ;

De tout cela tu ne peux le protéger
Et persuader de bien faire tu vas te tromper.

Triste planète pour grandir sans névrose
Pour ne pas finir sujet à la psychose,
Regarde ! Comment veux tu qu'il aille bien
Quand il sait que des Hommes crèvent de faim !

Il réalisera qu'il n'y pourra jamais rien,
Quand il comprendra que c'est la fin.

Il cherchera des réponses à ses questions,
Se détournera de toi lors d'une conversation
Tu chercheras des solutions et tu iras au combat
Comme tes parents avant toi !
Ça empirera et vu que tu ne sais pas dialoguer
Il ne te restera que tes yeux pour pleurer ;
Regarde le ! Dépressif, malheureux et névrosé…
Tous les symptômes de nos belles sociétés !

Regarde le aller à l'école sans savoir pourquoi
Sans avoir pour autant envie de rentrer chez soi ;
Regarde le pleurer ses amours
Prendre le chemin le plus long pour aller en cours.

Écoute le devenir dépressif, sourd et muet devant ses parents,
Écoute le te dire : « ça va papa, ça va maman »
Et là tu te dis : « Mon enfant n'est pas comme sa ! »
« Il est de mon sang, il sera roi ! »
Et si tu continues de lire ses vers,
Alors laisse moi finir, laisse moi faire…
Crois moi, et vraiment, renseigne toi…
Et tu verras que ton enfant est dans un sale état…

No pasaran:

De l'autre coté des Pyrénées,
Il y a une cinquantaine d'années,
Quelque chose d'important s'est produit...
Un combat, pour la démocratie contre la tyrannie.

Ces hommes et ses femmes s'étaient organisés,
Pour résister à un terroriste de la pensée,
Un fasciste parlant de nation et de rebelle,
Utilisant les canons comme courriel,

Ils ont perdu...Mais ils ont résisté,
Et leur rendre hommage aujourd'hui,
Pour qu'à jamais leur sacrifice oublié,
Soit dans le marbre gravé ici...

Et dans ce bloc de marbre déposé,
Où plutôt dirions nous reposer
Sur ce papier, sur les lucarnes
Inscrit en lettre d'or : NO PASARAN

Le petit blond:

Un jour, un enfant m'est apparu,
Il m'a demandé de le suivre dans la rue,
Et il m'a guidé le petit blondinet,
Devant un endroit qui m'était familier.

Cet enfant, le petit blondinet,
C'était moi, et quand il s'est retourné,
Il ma demandé un peu énervé:
C'est donc de ce monde que tu rêvais ?

Le temps des fleurs :

Il était passé depuis longtemps déjà,
Le temps des roses et celui des camélias,
Mourant chaque année habituellement
Renaissant à chaque printemps évidemment.

Douce colombe atterris dans ce jardin,
Ce jardin est mien et je te l'offre ;
Alors ne repars nullement et prend ma main
Dans ce jardin, dans ce coffre.

Si belle tu étais quand je t'ai rencontrée
Que de proses j'écris pour à jamais graver ;
Dans la roche, le marbre, à jamais sceller
Ce lieu où je t'ai enfin rencontrée.

Mais tu es retournée dans tes montagnes derrière l'horizon,
Et depuis j'attends impatiemment d'entendre le son –
- qui me dit enfin la nouvelle saison et ta venue,
Vu que les rosiers et les camélias ne fleurissaient plus.

Ta peau… Tes bras,
J'aime vraiment tout chez toi,
Ton sourire, tes baisers,
Tes lèvres brûlantes comme un brasier !
Ton nom que je porte à bout de voix,
Et l'espoir que j'ai de te revoir,
Et cela ne sont que des mots ! Avec peu de vocabulaire.
Donc imagine ce que je ressens réellement quand je te vois !

Ton cou… Dans le lequel je descends doucement…
Ton souffle s'accélérant,
Et moi continuant,
A descendre toujours plus bas… Toujours plus doucement,
Le long de ta peau,
De ses courbes dessinées, belles, fines, en volupté,
Tu es là, et je suis entrain de t'aimer,
Aimer…Aimer à continuer…
Aimer à ne jamais s'arrêter.

Le goéland :

Dans les nuages indigo de la soirée,
Grand, majestueux en volupté ;
Le goéland s'amuse à tournoyer
Au milieu de ce ciel azuré.
Déambulant comme un roi,
Au sein de son royaume de lumière ;
Se promenant parfois à terre,
Avant de s'en retourner chez soi
Volants dans les cieux infinis,
Au sein du paradis,
Entouré des siens, de ses frères ailés,
D'autres mondains et fou enivré.
Encerclé en train d'étouffer,
Bien qu'épris de liberté,
Il est condamné…
A rester enchainé…
S'en retournant aux terres brulées,
Où ses semblables viennent se reposer ;
Il est là à rester ici bas,
Au bord du désarroi.

Le poète est comme le goéland,
Exilé de tout temps…
Parmi ses semblables damnés,
Il est en train de se tuer…
Car ses ailes plombées,
Ses pattes brisées,
Et son cœur mazouté
L'empêche d'avancer.

Plie mais ne casse :

L'herbe couchée par le vent
Couchée par la force de l'ouragan
Se plie, priant à terre, le front :
Mais jamais ne rompt.

Tuée, recouverte de béton gris
Qui lui rompra, tombera, en un cri.

Comme à Jéricho, l'homme se protège
Mais la nature reprend toujours son siège.

Haïku :

Mort au combat :

Peine au samouraï
Qui sans écrire de Haïku,
Quitte ce monde.

Haïku :
Désir :

Elle m'a embrassé
A la fin du printemps
M'a fait patienter.

Haïku :
Le prunier gris :

Fleur de prunier
Mourant quand vient l'été ;
Renaît au printemps.

Haïku :
Le rossignol :

Rossignol pleurant
L'automne arrive maintenant
Fin de la chanson.

Haïku :
Le grillon :

Le grillon monte
L'herbe se couchera
Ses ailes crirons.

Haïku :
La lune souriante :

L'hiver est si froid
La lune dehors là
De sourire blanc.

Haïku :
Averse d'été :

Le tonnerre qui
Gronde au loin me rappelle
Même au ciel il pleure.

Dernière volonté :

Que dois je dire ?
Que dois je écrire ?

Que l'on me pardonne de n'avoir jamais brillé,
Jamais exceller, mon père me le faisait souvent remarquer.
Que l'on me pardonne mes trop rares sourires,
Et mes trop nombreux soupirs.
Mais, j'ai fais ce que j'ai pu,
Je suis allé aussi loin que je l'ai pu,
J'ai toujours résisté,
Toujours aidé les opprimés.
Je n'étais ni gentil, ni méchant,
Juste un jeune perdu, un mécréant,
Bien loin de Dieu et de ses enseignements,
Trop attaché à la tentation finalement.

Mais qu'importe aujourd'hui… Je me meurs,
Vu que mon taxi faucheur attend, il est l'heure…
De conclure, de donner ma dernière volonté,
Qui, je l'espère sera respecté.

Que sur ma pierre sois écrit,
Il est mort sans colère,
Il est mort sans soucis,
Il est mort sans prière.